LaLürik – Die Liebesgedichte von Reinhard F.

Gewidmet
all meinen „Verflossenen", all meinen „Gegen-
wärtigen" und all meinen „Zukünftigen" –
allen Frauen, die mich lieben und geliebt haben
und noch lieben werden,
all denen die ich verehrt und geliebt habe –
all denen, die mir verzeihen und verziehen haben
und der Allereinzigsten
die mich vielleicht eines Tages bis zum Ende
aller Tage lieben wird.

Am Anfang gehören alle Gedanken der Liebe.
Später gehört dann alle Liebe den Gedanken.

Albert Einstein

Einige wenige der nachfolgenden Gedichte sind dem
Bändchen „LaLürik – die Kneipengedichte von
Reinhard F." entnommen, weil sie auch an dieser Stelle
gut zum Thema passen und der Verfasser sie den
geneigten LeserInnen nicht vorenthalten möchte.
Beide Bücher sind im Buchhandel oder direkt bei BoD
zu bestellen.

Herstellung: Books on Demand GmbH
ISBN 3-8334-4942-X

LaLürik Liebe 1

Ich liebte ein Mädchen aus Hessen,
das hat mich beinahe gefressen.
Ich liebte ein Mädchen aus Polen,
das wollte mich immer versohlen.
Ich liebte ein Mädchen aus Tennessee,
das trank immer Whisky und Hennessy.
Ich liebte ein Mädchen aus Afrika,
das kam mir mit Stammesbrüdern zu nah.
Ich liebte ein Mädchen aus Schwaben,
das konnt` nicht genug von mir haben.
Ich liebte ein Mädchen aus Idaho,
das hatte `nen andern, `s war leider so.
Ich liebte ein Mädchen aus Bayern,
das liebte Karl May „Unter Geiern".
Ich liebte ein Mädchen aus Waterloo,
das wollte mit mir nur in den Zoo.
Ich liebte ein Mädchen aus Norderney,
das hatte außer mir noch zwei oder drei.
Ich liebte ein Mädchen aus Winterthur,
das liebte jedoch seine Freundin nur.
Ich liebte ein Mädchen von den Kanaren,
schade, dass selten alleine wir waren.
Ich liebte ein Mädchen aus Rheinland-Pfalz
und all meine Freunde sagten, behalt`s!
All meine Lieben sind ungezählt
und die meisten von ihnen
wohl heute vermählt.
Doch ich armes Schwein –
bin schon wieder allein!

(Zum Gedenken und zu Ehren von Insterburg und Co.)

LaLürik Liebe 2

Deine Hand ist da,
wo sie nicht sein sollte.
Meine Hand ist da,
wo ich finde, dass sie sein sollte.
Gib mir deine Hand –
nimm meine Hand,
dort, wo unsere Hände
sein sollten ...

LaLürik Liebe 3

Sei ich.
Und ich bin du.
Das höchste der Gefühle.
Ich übe.
Übst du mit!

LaLürik Liebe 4

Ich wollte im Bett liegen
mit dir.
Du nicht mit mir.
Schade.
Ich liege allein im Bett.
Du auch?
Ich küsse dich in Gedanken.
Liebe dich. Irreal.
Doch real!
Und du? Selber schuld!

LaLürik Liebe 5

Na, du kleine Mimose,
ich hab` was in der Hose,
was dir vielleicht gefällt.
Und was du hast,
kleine Zitrone
ist auch nicht ohne
auf dieser Welt.
Ach, zier` dich doch
nicht so lange,
mir wird schon ganz bange.
Doch ich halte dir die Stange.
Alles, was ich verlange,
ist rechtens, tut gut,
braucht nur etwas Mut.
Sonst kann das nie etwas werden
mit uns beiden hier auf Erden.
Magst du mich denn gar nicht
und übst du Verzicht
weil du nicht weißt
was dir entgeht, was Liebe heißt.
Denn wenn wir alt sind
ist es zu spät.
Ach, nimm` mir`s nicht krumm,
vielleicht haben wir eine Chance
im Uni-versum, summ, summ ...

Fair play? *LaLürik Liebe 6*

Sie wollte nur spielen.
Ich wollte mehr.
Und spielte mit.
Doch jedes Spiel
hat ein Ende
und andere Spieler
warten zuhauf.
Ich war der Looser –
und suchte ein neues Spiel.

LaLürik Liebe 7

Draußen vor dem Tor
komm` ich mir bescheuert vor.
Liebling lass` mich rein.
Ich bin ganz allein.
Muss das sein?

LaLürik Liebe 8

Ich singe jetzt ein Lied für dich.
Du bist die Nummer eins für mich.
Jedoch – mitnichten –
du willst auf mich verzichten?
Selber schuld. Ich hab` Geduld.
Und hab` dich lieb!

LaLürik Liebe 9

Als ich ein kleiner Junge war,
da spielten wir im Sand –
und uns beiden war ganz klar:
Unsere Liebe hat Bestand.
Die Hochzeit war beschloss`ne Sache,
du fragtest nicht, was ich mal mache.
Wir beide wussten ganz genau,
du wirst einmal meine Frau!
Doch dann bist du weg gezogen,
mit deinen Eltern fort geflogen.
Nie mehr hab` ich dich geseh`n –
und man gab mir zu versteh`n:
Aus kleinen Mädchen werden Frauen,
die auch nach andern Knaben schauen.
Lange noch war ich betrübt,
bis ich mich endlich neu verliebt!

Ulrike   # LaLürik Liebe 10

Noch einmal in Freundschaft
schlafen,
wollte ich mit dir, Ulrike.
Das – das geht nur aus Liebe,
sagtest du.
Die Liebe aber hatten wir verloren.
Und das was war, kommt nur
selten wieder.

LaLürik Liebe 11

Hast du Feuer für mich?
sagte sie und strich mir über die Hände.
Ich zückte mein Feuerzeug
und sah ihr tief in die Augen.
Nicht nur.
Das tue ich jetzt jeden Tag –
und sie bittet mich immer noch
um mein Feuer
das ich ihr gerne gebe –
so lange es hoffentlich
noch auf beiden Seiten brennt.

Anneliese ## LaLürik Liebe 12

Auf der Busfahrt nach Spanien
sitzt du neben mir.
Wie es der Zufall will.
Wir haben uns vorher nicht gekannt.
Es ist Nacht und dich friert.
Ich gebe dir Wärme
und wir lernen uns kennen.
Kuscheln ist schön.
Spanien ruft und die Sonne.
Und am Meer
wollen wir beide mehr.

LaLürik Liebe 13

Ich träumte von langen Haaren
und einem Rosenmund,
von schönen Brüstenpaaren
und anderem, gefälligen Rund.
Dann kamst du mir entgegen
und sahst ganz anders aus.
Lange Haare, et cetera von wegen –
es machte mir gar nichts aus.
Du hast ganz andere Werte,
dein Busen ist knuddelig klein –
nicht das, was ich begehrte,
doch was ich jetzt habe, ist fein.
Es konnte nicht besser kommen –
ich hab` mich unendlich verliebt.
Und du hast auch mich genommen –
wie schön, dass es dich und mich
gibt!

LaLürik Liebe 14

Keine ist so wie du, sage ich.
Keiner ist so wie du, sagt sie.
„Ich liebe dich" kommt mir
selten über die Lippen.
Viel zu selten, meint sie.
Aber sie weiß, dass es so ist –
und verzeiht mir jeden Tag
meine Nachlässigkeit –
wofür ich sie doppelt liebe.

Hannelore ***LaLürik Liebe 15***

Der Chef ist nicht da
und auf den Tischen
tanzen die Mäuse.
Wir warten, bis alle
gegangen sind.
Und auf einmal bist du
nicht nur Kollegin.
Im Chefzimmer
auf dem Teppich
lie(b)gt sich`s so weich.
Immer und immer wieder.

Gudrun ***LaLürik Liebe 16***

Du wolltest mich –
und du wolltest ihn.
Ich wollte dich auch –
aber ohne ihn.
Und einmal hast du mich
wegen ihm versetzt.
Einmal ist keinmal
sagtest du.
Ach, bleib` mir vom Hals
mit solchen Weisheiten,
sagte ich – und:
Kannst ja mal wieder anrufen!

LaLürik Liebe 17

Irgendwo `ne Kuschelecke,
vielleicht auch ein Kuscheldecke –
und beides dient nur einem Zwecke,
dass ich dich noch mehr entdecke.

Deinen erogenen Zonen
wieder einmal beizuwohnen,
ja, das wär` mein größter Wunsch –
und wenn`s kühl ist, ein Glas Punsch!

LaLürik Liebe 18

Verliebe dich nicht in mich
sagte ich zu Maria.
Das bringt dir nichts,
das ist nicht gut.
Ich kann nicht treu sein,
mich mögen die Mädchen.
Ich bin unzuverlässig,
widerwärtig, kaltschnäuzig
und böse.
Verliebe dich nicht in mich ...

Noch heute bin ich verliebt in Maria.

LaLürik Liebe 19

Buona, buona notte, die Nacht war heiß
und sie hieß Lotte.
Ja, da gäb`s viel zu erzählen –
doch soll ich Euch mit Einzelheiten quälen?

LaLürik Liebe 20

Ich hab` ihr mein Herz geschenkt.
Bedenkenlos.
Und voller Feuer und Flamme.

Sie nahm es an sich. Gedankenlos.
Wie eine Zigarette, die ihr nichts nützt,
wenn sie kein Streichholz hat.

Sie nahm mein Herz und warf es weg.
Erbarmungslos.

Und trotzdem glimmt es weiter ...

LaLürik Liebe 21

Ich habe den Verstand verloren
und fühl` mich trotzdem ungeschoren.
Denn ich habe dich gewonnen,
du bist mir lieb und wohlgesonnen.
Ich geb` dir alles, was ich kann:
Alsdann ...!

LaLürik Liebe 22

Mein kleine Zuckerschnute,
ich schneid` mich in den Finger, dass ich blute,
will dir ganz allein beweisen,
bin nicht aus Holz und nicht aus Eisen.

Ich nehm` zusammen allen Mut
und bitte dich, sei wieder gut.
Ich liebe dich wie Zwetschgenkuchen –
komm`, lass` es uns nochmal versuchen!

LaLürik Liebe 23

Du zeigtest dich mir hüllenlos
und ich, ich fand das ganz famos.
Bin sofort aus der Büx gestiegen,
wollt` mit dir im Bettchen liegen.

Du hast dich wieder angezogen
und bist einfach ausgeflogen.
Wenn ich nur ein Vöglein wär`,
flög` ich dir ganz schnell hinterher.

Soll ich dich lieben oder hassen?
Du hast schmählich mich verlassen!
Komm` oh komme, meine Claire!

LaLürik Liebe 24

Du kamst, sahst und siegtest
über mich.
Und über all meine unausgesprochenen
Gedanken.
Was ich dich nicht zu fragen wagte
nahmst du ganz einfach in die Hand.
Oh` lass uns die Freude genießen,
so oft sie uns übermannt.

LaLürik Liebe 25

Eins, zwei, drei – Liebelei,
vier, fünf, sex – Kinderei.
Acht, neun, zehn –
zusammen gehen,
weiter sehen ...

LaLürik Liebe 26

Ich liebte Mona, liebte Lisa
und die Wahl fiel mir sehr schwer.
Mona liebte ich in Pisa,
Lisa liebte ich am Meer.
Mona mochte Lisa,
da mochte Lisa mich nicht mehr.
Doch flieg` ich immer gern nach Pisa,
die Mädels dort gefallen mir sehr
und manchmal kommt auch eine –
direkt mit mir ans Meer!

LaLürik Liebe 27

Lange nicht verliebt gewesen
stehe ich bedrückt am Tresen
und nur Susi weiß Bescheid
über all mein Herzeleid.
Es ist ja erst ihr Schichtbeginn,
sie freut sich, dass schon ich da bin.
Küsschen rechts und Küsschen links –
nur auf die Wange – und mir stinkt`s!
Später – `s ist uns beiden klar
ist fast kein Platz mehr an der Bar.
Ach, könnt` ich sie entführen –
ich sie, sie mich verführen!
Vorerst ist alles dies ein Traum
und die Chancen steigen kaum.
Ich habe sieben, acht, neun Bier,
trink` nicht so viel, sagt sie zu mir.
Sie kümmert sich und denkt an mich:
ein Zeichen Ihrer Liebe?

LaLürik Liebe 28

Sing` nochmal unser Lied für mich,
sag` noch einmal ich liebe dich –
bevor du gehst.
Und wenn du morgen wieder kommst,
sing` wieder unser Lied für mich,
sag` noch einmal ich liebe dich –
und ich sag` es dir auch!

LaLürik Liebe 29

Da ist ein Zittern, ist ein Beben,
das ist Liebe, das ist Leben.
Ruft er mich am Handy an,
schreibt er eine SMS?

Hat sie in der Mittagspause
eine Stunde Zeit für mich?
Lass` mich deine Hände halten,
küss` mich im Café.

Lass` uns das vor allen machen,
lass` die anderen Leute lachen
oder lächelnd uns verstehen!

LaLürik Liebe 30

Er hat dich angemacht –
du hast ihn angelacht.
Ich fand das gar nicht schön
und schob es auf den Föhn,
wo vieles nicht gelingt,
der manches durcheinander bringt.

In Bayern, voller Eifersucht
habe ich den Streit gesucht,
Mein Liebling, ich bin nicht aus Holz –
das blaue Auge macht mich stolz!
Und: Liebste bleib` bei mir
sonst werd` ich noch einmal zum Stier!

LaLürik Liebe 31

Im Fenster gegenüber,
da brennt um zwölf noch Licht.
Ich denke nach darüber,
was tust du – und was nicht?
Schaust du auch mal herüber –
bei mir brennt auch noch Licht,
denkst du mal nach darüber,
was tut er – tut er nicht?
Du bist ein schönes Mädchen,
ich möchte dich gern seh`n –
ein kleines Tété-á-tétchen,
das wär` doch wunderschön.
Und heute denk` ich – morgen
schreib` ich dir einen Brief,
dann bleibt dir nicht verborgen,
dass ich heut` Nacht nicht schlief.
Und dennoch konnt` ich träumen,
hab` ich geträumt von dir,
ich will jetzt nichts versäumen,
vielleicht träumst du von mir ...
Im Fenster gegenüber,
da brennt um zwölf noch Licht ...

LaLürik Liebe 32

Du schaust mich an
mit großen Augen –
an deine Liebe soll ich glauben?
Heute so – und morgen so.
Und übermorgen – wo?

Was soll mein Zagen,
meine Fragen?
Lieb` mich heute,
lieb` mich morgen –
und wenn du willst
auch übermorgen!

LaLürik Liebe 33

Komm` in meine Arme schönes Kind,
damit wir uns ganz nahe sind.
Lass` dich drücken, lass` dich küssen,
bevor wir an die Arbeit müssen.

Lästig der Achtstundentag,
wo ich dich nicht vermissen mag.
Doch freitags kommt dann ganz behende,
ein schönes langes Wochenende!

LaLürik Liebe 34

Dancing Queen,
feminin.
Macho Mann,
der tanzen kann –
trifft sich gern.
Insofern
tut sich was,
hat man Spaß.
Ist zu zweit,
ist bereit.
Tanze mit mir
in den Morgen ...

LaLürik Liebe 35

Keiner ist so wie meiner,
sagtest du
zu deinen Freundinnen und Freunden.
Keine ist so wie meine,
sagte ich zu meinen Freundinnen
und Freunden.
Da ist was faul an der Sache
sagten die.
Recht hatten sie.
Denn heute lieben wir uns so
wie wir sind.
Und das noch immer ...

LaLürik Liebe 36

Silvester ...
Du bist nicht meine Schwester,
aber ich bin dein Bester.
Komm` mit ins neue Jahr,
vergiss, was einmal war.
Ich möcht` dein Butler sein
und zwar allein –
der dich nach oben trägt
und wer was anderes wägt,
der hat natürlich Recht.
Hör` zu, ich bin nicht schlecht!
Lass` die Raketen knallen –
und uns – vor allem!

LaLürik Liebe 37

Ein kleines Städtchen
voll hübscher Mädchen –
Mann, was willst du mehr?
Bleib` doch im Lande
und sei imstande
dies und das zu machen
und ganz andere Sachen:
Was dir gefällt
und deiner Auserwählten
umso mehr!

LaLürik Liebe 38

Händchen halten,
Finger falten,
lösen, schmusen
und zusammen dösen,
kuscheln, wuscheln,
küssen, müssen,
näher kommen,
kommen, kommen ...
Aufeinander stehen,
auseinander gehen
und sich
baldmöglichst
wiedersehen!

LaLürik Liebe 39

„Schönen Tag noch",
sagte sie.
„Ebenfalls", sagte ich
und dachte:
Schön wäre der Tag mit dir.
Um 20.00 Uhr
war Ladenschluss.
Ich wartete auf sie.
Schön wurde erst der Abend.
Mit Mireille.

LaLürik Liebe 40

13 Jahr ...
Ich liebte Sylvie, Evi und Christine.
Sylvie klaute Vaters Zigaretten.
Evi war so unschuldig,
so schön und raffiniert.
Und Christine ein Kumpel,
den ich verehrte,
weil er mit mir Schlitten fuhr.
Wo sind sie geblieben,
Sylvie, Evi und Christine?
Und wie sehen sie heute aus?
Das würde mich
brennend interessieren!

LaLürik Liebe 41

Candlelight,
nur zu zweit.
Rendezvous
ich und du.
Happy night
nur zu zweit –
und dann Streit,
Herzeleid.
Du zu mir,
ich zu dir?
Ein Glas Wein
nur zu zwei`n.
Und dann?
Fängt Versöhnung an!

LaLürik Liebe 42

Ein Gedicht
von dem man spricht,
ist dies Gedicht
ganz sicher nicht.
Ein Gedicht – bist du!
Und deshalb lieb` ich dich!

LaLürik Liebe 43

Cherié, es war Rotwein,
Rotwein, Cherié,
vielleicht auch Weißwein,
Sherry, Whisky ...
Ich weiß nur, dass ich dich
in Armen hielt
und dass es spät war
am Abend bei dir zu Haus`.
Wir gingen ins Bett
und schliefen danach.
sehr gut und sehr schön.
Und erwachten mit Träumen,
über eine Zukunft
mit dir und mit mir, Cherié.
Lass` uns immer, immer
wieder weiter träumen ...

LaLürik Liebe 44

Ich habe geboxt,
ich habe gerungen,
ich habe gesiegt
und habe verloren
und manch` blaues Auge
davongetragen.
Du mochtest das nicht,
das hat dir nicht gefallen.
Ich kämpfe weiter,
aber nur noch um dich
und fahre sonntags
Fahrrad mit dir.
Du hast mich besiegt,
Melanie.

LaLürik Liebe 45

Ohne eine Leiter
kommst in Bayern du nicht weiter,
sagt` Freund Sepp zu mir,
denn Fensterln tut man hier
und all die schönen Madeln
mit ihren strammen Wadeln
haben Holz vor ihrer Hütt`n
und lassen sich nicht lange bitten:
Woll`n wissen was ein Mann
so alles, alles kann?
Jedoch ein echter Freier
ist unbedingt ein Bayer!

LaLürik Liebe 46

Du bücktest dich im lichten Sommerkleid
mit Blümchen
beim Erdbeeren pflücken im Erdbeerfeld.
Ein paar Jungs blieben stehen
und schauten dir zu
und machten sich schöne Gedanken.
Meine Eifersucht hält sich in Grenzen
und weicht meinem Stolz auf dich.
Denn ich weiß:
Sie sahen dich nur im Erdbeerfeld
in deinem lichten Sommerkleid
mit Blümchen.
Doch ich sehe dich auch ohne
Sommerkleid mit Blümchen.
Und wir naschen nicht nur Erdbeeren
zusammen.

LaLürik Liebe 47

Bist du es?
Ja, du bist es.
Bist du es wirklich?
Nein.
Bist du es doch?
Du warst es.
Ich bin. Du bist.
Doch ich bin
ein anderer.
Inzwischen.
Und du?

LaLürik Liebe 48

Du, meine Angebetete,
ich will Dir *allegro und affetuoso* einen
amoroso Brief schreiben.
Dolente warte ich auf Dich und mir ist
so *leggiero* zu Mute, wenn ich an Dich
denke. Ich denke ständig an ein
kleines *Divertimento* mit Dir –
schade, dass Du *legato* bist;
aber was heißt das schon:
ein *tempo rubato* hat auch seine Reize
wenn ein *Crescendo* der Liebe
in Aussicht steht.
Ancora will ich Dir beteuern, *niente* Dir
mein Herz zu Füßen legen; *smorzando*
vergehe ich in Sehnsucht nach Dir.
Espressivo mit Falsetto und Fortissimo
will ich Dir *sempre* meine Zuneigung
beweisen, die in meiner *Basso profundo*
ihren Ursprung hat.
Zeig` Dich mir so *grazioso* wie immer
Du bist und gib mir ständig und stets
Gelegenheit zu einem *vivace und vivo*
Intermezzo, welche ich *tremolo und*
toccata nutzen werde. *Attaca und con*
brio/fuco werde ich Dich *dolce* ins Ohr beißen ...
Mille Baci – Dein *agitato Buffo*

Übersetzung für der Musiksprache Unkundige:

Du meine Angebetete,
ich will Dir *schnell, lebendig* und mit *Leidenschaft*
einen *liebevoll zärtliche*n Brief schreiben. *Klagend*
und *wehmütig* warte ich auf Dich und mir ist so
leicht perlend zu Mute, wenn ich an Dich denke.
Ich denke ständig an ein *unterhaltsames Werk*
für ein kleines Orchester mit Dir – schade dass
Du *gebunden* bist; aber was heißt das schon: ein
gestohlener Zeitwert mit freier Behandlung des
Tempos hat auch seine Reize, wenn *anwachsend*
Liebe in Aussicht steht. Noch einmal will ich Dir
beteuern, *fast unhörbar zart* Dir mein Herz zu
Füßen legen; *ersterbend* vergehe ich in
Sehnsucht nach Dir. *Ausdrucksvoll mit hoher*
männlicher Kopfstimme und *sehr laut* will ich Dir
immer meine Zuneigung beweisen, die in meiner
sehr tiefen Männerstimme ihren Ursprung hat.
Zeig` Dich mir so *anmutig* wie immer Du bist und
gib mir ständig und stets Gelegenheit zu einem
lebhaften Zwischenspiel, welches ich *bebend*
nervös und mit *technisch anspruchsvoller*
Komposition für Tasteninstrumente nutzen werde.
Ohne Pause und *mit Feuer und Schwung* werde
ich Dich in meine Arme schließen und Dich *zart*
und sanft ins Ohr beißen.
Viele Küsse – Dein *aufgeregter, ungestümer*
Buffo

LaLürik Liebe 48a

LaLürik Liebe 49

Liebeskummer, Liebesleid –
so etwas gibt`s nur zu zweit.
Sollt` ich deshalb alleine bleiben
und Unbekannten e-mails schreiben?
Martin, mein Freund, hat es gesagt:
Raus aus dem Haus, wenn dich
Alleinsein plagt.

Dieser Rat war gar nicht schlecht
und Martin hatte wirklich Recht.
Wenn man so will – ich traf Sybill –
und Liebeskummer hab` ich heut`,
denn ich bin wieder mal zu zweit!

LaLürik Liebe 50

Clavelitos, Clavelitos
sang Isabel an der Bar.
Ich war hin- und hergerissen
und sprach sie nach ihrem
Auftritt an.
Sie sah mir in die Augen
und bat mich um eine
Zigarette.
Auf einmal, als ich dachte
dass auch sie für mich
Feuer fing`,
stand Pepe neben mir
und verpasste mir
eifersüchtig ein Veilchen.

LaLürik Liebe 51

Ich liebte Corinna,
sie fuhr Grüne Minna,
war Polizist.
Mist!
Doch sie war eine Frau,
das sah man genau.
Uns sie war schön –
Sie versteh`n?
Es dauerte nicht lange,
sie nahm mich in die Zange,
denn ich hatte falsch
geparkt,
mitten am Markt.
Ich wollte sie sehen,
nur so konnte es gehen:
Die hundert Knöllchen
die ich bekam
bis ich sie in die Arme
nahm,
die waren es wert,
denn ich hab` sie begehrt:
Corinna,
ich lieb` dich noch immer –
seit der ersten Verwarnung!

LaLürik Liebe 52

Der Tunichtgut, der ist nicht gut
für dich, sagte dein Vater.
Ein super Typ,
sagte deine Schwester
und für dich war ich sowieso
dein Bester.
Meine Schwester, die ist ein Luder,
sagte dein Bruder.
Doch für deine Mutter
war alles in Butter.
Und was sagst du dazu?
Das geht die garnichts an!
Mann! Komm` heran!

LaLürik Liebe 53

Mädchen wo bist du?
Ich traf Tina auf Ibiza.
Junge, wo warst du?
Ich kam zu spät –
doch sie gefiel mir.
Sie war da und sagte:
Junge, du gefällst mir,
aber ich bin nur allein hier,
denn mein Freund liegt
zu Hause im Krankenhaus.
Er liebt mich und ist mir treu.
Das musste und wollte
ich akzeptieren.

LaLürik Liebe 54

Henrike, du alte Zicke,
wenn ich dich erblicke,
dann glaub` bloß nicht,
dass ich freundlich nicke!

Bei aller Toleranz,
wenn, dann will ich dich ganz
und nicht der eine oder andere sein –
da bleib` ich lieber allein!

Lass` deine Spielchen,
ich bin nicht dein Zielchen.
Mach` das nicht mit mir –
aber komm` – ich bin hier.
Und warte. Warte auf dich
Henrike – du allerliebste Zicke!

LaLürik Liebe 55

„Love is a burning ring of fire"
sang Johnny Cash im Radio.
Mein erstes Auto war alt und klapprig.
Aber es hatte einen Cassettenrecorder.
Und Liegesitze.
Das wusste auch Juliane zu schätzen.
Und als es uns heiß und heißer wurde
sang Johnny Cash
immer wieder sein Lied:
„Love is a burning ring of fire ..."

LaLürik Liebe 56

Silvesterkind
komm` geschwind.
Im neuen Jahr
sind wir ein Paar.

Jahreswende
ohne Ende,
nicht für dich,
nicht für mich.

Liebe entdeckt,
Liebe erweckt!
Silvesterkind,
komm` geschwind ...

LaLürik Liebe 57

Indian Summer und Du –
all die Farben und blue.
Wir sind zusammen die Crew
und paddeln im Kanu.

Grüße an Manitou:
er soll uns beschützen,
wir woll`n uns besitzen.
Indian Summer und Du!

LaLürik Liebe 58

Du willst singen, tanzen, lachen
und ganz andere Sachen machen.
Keiner hindert dich daran,
nicht einmal der „eine" Mann!

Leider sind die Zeiten schlecht
und die Welt ist ungerecht.
Was kann und wird die Zukunft bringen,
wird uns vieles noch gelingen?

Und du hast Geburtstag heute –
ja, das wissen viele Leute
und dem „Einen" gibt`s zu denken,
was nur sollte er dir schenken?

Vielleicht sein Herz,
vielleicht auch Schmerz?
Ein bisschen Wiedersehensglück?
Du bist da und bist zurück!

Lass` uns darauf trinken
und uns in die Arme sinken,
küssen, lieben, drücken, Schatz –
da hat ein anderer keinen Platz!

LaLürik Liebe 59

„Liebe tut weh"
sagte Jennifer im Movie „Money train".
Und zwei Brüder,
der eine weiß, der andere schwarz,
bekriegten sich um sie
weil sie beide kriegen wollten.

Meine Jenny habe ich nicht gekriegt,
weil sie ein Freund von mir haben wollte.
Das ist eine Weile her –
und heute sind beide mir wichtig:
Sie als gute Freundin,
er als guter Freund.

LaLürik Liebe 60

Rena, meine Reina, sei meine Königin.
Komm` zu mir in mein kleines Königreich.
Es hat zwei Zimmer, eine Küche
und ein großes Doppelbett.
Ich koche dir ein königliches Mahl
mit Bratkartoffeln, mit Spinat
und Spiegelei –
und werde dich auf Händen tragen,
dir mein Herz zu Füßen legen
und dir unter Tränen sagen –
wie wunderbar, dass es dich gibt!

Sonntag früh: ## LaLürik Liebe 61

Jetzt oder nie!
Ich bin wach,
du schläfst fest.
Sanft geweckt,
angeeckt!
Träumst du noch,
wachst du doch,
schlummerst du,
Augen zu?
Spürst du mich
wie ich dich?
Liebst du mich?
Dann schlaf` mit mir
jetzt und hier.
Ich bin bereit,
wir haben Zeit.
Sonntag früh ...

LaLürik Liebe 62

Viel zu lang, viel zu lang
hast du nur deinen Labello geküsst.
Viel zu lang hast du
echte Küsse vermisst.
Komm` jetzt und küsse mich,
Komm` jetzt, ich küsse dich –
oder ich verpisse mich!

LaLürik Liebe 63 *à la Haiku**

Ich nehme dich gern,
so gerne in die Arme.
Worauf wartest du?

Sag` das nicht noch mal:
Heute hast du keine Lust
mit mir zu kommen?

Liebe ist Liebe.
Was verstehst du darunter?
Das gleiche wie ich?

Ich liege bei dir.
Morgen liegst du anderswo.
So eine bist du!

„Mo" zart besaitet –
das spielst du mir so vor.
Ich durchschaue dich!

(Meiner lieben Freundin Monika = „Mo" gewidmet)

*Haiku, das, in Japan lyrische Kurzform,
Dreizeiler aus 5 + 7 Silben. Vom Spielerischen
ausgehend findet das H. zu metaphysischer
Tiefe, angedeutet im Bild eines Augenblicks.

(Brockhaus)

LaLürik Liebe 64

Weine, weine meine Kleine,
ja, die Männer, die sind Schweine –
aber spar` dir diese Mühe,
denn die Frauen, die sind Kühe,
die nicht sehen dass so mancher Mann
wirklich „schweinisch" werden kann,
immer dann wenn dir`s gefällt
auf dieser schweinisch schönen Welt.
Statt zu weinen sollst du lachen
über dies und das und andere Sachen.
Weine, weine nicht mehr,
meine Kleine ...

LaLürik Liebe 65

Ganz in weiß warst du,
ganz in weiß war das Bettlaken,
ganz in weiß war das Oberbett,
zuerst ganz in weiß nur
lagen wir darunter –
ich und du:
du meine kleine
ganz in weiß
geliebte Krankenschwester.

LaLürik Liebe 66

Ei wreit ju ohl deis
a lavly letter.
Ei nou, ju can`t it better.
Bat hef written ju me tuu?
Tu Konstanz or tu Malibu?
Ei em se best men
from se Kru –
gif mi juor heart
ei`m werry tru!
End ei will wreit
ohl deis
nju letters tu ju!

LaLürik Liebe 67

Du, mit deinem Tattoo
an einer Stelle deines Körpers
die nicht jeder zu sehen kriegt.
Du und dein Tattoo,
du hast es mir gezeigt
und alles andere von dir,
was nicht jeder zu sehen kriegt.
Doch leider war eingebrannt
unter dem geheimnisvollen Motiv
an der Stelle deines Körpers
die nicht jeder zu sehen kriegt,
der Name Marcel.
Wer ist Marcel? Wer bin ich für dich?

LaLürik Liebe 68

Henrikes Antwort auf LaLürik Liebe 54:

Du alter Macho
schimpfst mich Zicke und Xanthippe,
nicht zu glauben, was dir einfällt
in deiner kleinen und beschränkten Welt.

Hopp, hopp, hau` ab
und liebe deinen Job
wie immer mehr als mich.
Und doch: noch immer frag` ich dich:
Hast du wirklich einen Stich?
Ist dir diese Sandra lieber,
dann geh` doch zu ihr hinüber!

Ach nein! Ich bin noch immer deine Frau,
komm` her und schau – und küsse mich!

LaLürik Liebe 69

„Darf ich dich zum Essen einladen,
ich hab` einen wunderbaren Sugo zu Haus`?"
Ich wusste nicht, was ein `Sugo` ist
aber die Spagetti schmeckten wunderbar.
Sie waren nur die Vorspeise ...
Monika, meine liebe Mo,
ich danke dir dafür.

LaLürik Liebe 70

Deine Hände sind so zart,
deine Unschuld so apart.
Alles ist an dir so weich,
warte nur, ich komme gleich
und dein Rosenmund
küsst mich gesund
von allem was mir nicht gefällt
auf dieser ungerechten Welt.
Drum nimm mich in die Arme,
lass` mich mit dir das gleiche tun.
Hab` nur ein kleines bisschen Mut
und alles wird so gut, so gut ...

LaLürik Liebe 71

Nimm deine Brille ab,
denn was ich vor jetzt hab`,
da musst du dich nicht schämen,
es könnte uns nur lähmen
bei einem schönen Zeitvertreib.
Geh` jetzt nicht – komm` und bleib`
bis zum frühen Morgen –
und ganz ohne Sorgen
will ich dich verwöhnen
mit allem, allem Schönen.

LaLürik Liebe 72

Wish you where here,
ganz nah, ganz nah hier bei mir.
Save all your kisses for me
und führ` nicht woanders Regie.
I`m your lucky star –
so, wie es immer war!

LaLürik Liebe 73

Eigentlich,
liebe ich dich.
Aber du – blöde Kuh –
verzeih`, wenn ich schrei`:
Es tut weh
wenn ich komm`,
wenn ich geh`,
denn du bist so cool,
nichts haut dich vom Stuhl.
Du bist aus Eis
und machst mir weis,
dass du mich nicht magst.
Was du da so sagst?
Ich glaub` es dir nicht,
üb` nicht länger Verzicht!
Denn wenn einer dich
unsterblich liebt,
dann bin das ich.
Dann bin das ich!

LaLürik Liebe 74

Irgendwo auf einer Insel
möchte ich mit dir allein sein.
Vielleicht zwei Tage nur,
vielleicht ein langes Wochenend.
Vielleicht ein ganzes Jahr,
vielleicht ein Leben lang.
Doch das sind Träume
und ich versäume
die wunderschöne Zeit mit dir.
Hier!

LaLürik Liebe 75

Willst du mit mir gehen?
Mich verstehen?
In Wirklichkeit?
Oder nur auf Zeit?
Egal.
Es ist schön.
Lass` uns zusammen
gehen.
Und verstehen.
Auf Ewigkeit!

LaLürik Liebe 76

Ich koche für dich
Frühlingssuppe mit Eierstich,
Linseneintopf mit Speck*,
Bratkartoffeln mit Kuttelfleck*,
Rosenkohl und Spinat,
Hühnerbrust mit Salat,
Bauernspätzle* mit Estragon,
Semmelknödel mit Champignon,
Grießbrei mit Zucker, Kakao,
Salzkartoffeln, Forelle blau,
Carpaccio**, Pasta, Pizza
mit Insalata mista,
Schweine-, Rinder-, Entenbraten
mit gesalzenen Frittaten,
Cevapcici, Chop suey***, Reis,
zum Nachtisch Erdbeer-,
Himbeer-Eis,
doch zuvor und auch danach
da wünsche ich mir –
ein kleines Beischläfchen****
mit dir!

* Schwäbische Leibspeisen
** Mediterrane Antwort auf japanische Feinschnitttechnik
*** Hauchdünne, marinierte Hühner- oder
Schweinefleisch-Streifen, von Chinesen auf
amerikanischem Boden erfunden, um dem Geschmack
der neuen Heimat gerecht zu werden
**** Seit Menschengedenken ein unübertroffenes
„Naschwerk" für Männlein und Weiblein, überwiegend
im Bett oder in freier Natur zu genießen

LaLürik Liebe 77

Verführ` mich
und berühr` mich,
sag` mir
ich interessier` dich,
komm` mir näher,
komm` mir nah,
wunderbare Ursula.
Verführ` mich
und berühr` mich –
und spür` mich!

LaLürik Liebe 78

Ich bin ein Egoist,
denn ich liebe dich.
Dabei könnten dich
tausend andere lieben.
Und tun es auch:
Liebe auf den ersten Blick!
Und wie war das bei uns?
Liebe auf den ersten Blick?
Für mich ja.
Und deshalb bin ich
ein Egoist.
Weil ich glaube,
dass du ganz allein
mir gehörst.
Und weil ich darauf
vertraue.

LaLürik Liebe 79

Es war ein Drama
in Alabama;
ich traf sie in Idaho
rechts neben dem Damen-
am Herrenklo.
Sie haute mich fast um
und ich lud sie darum
zu Chicken und Fastfood ein,
verschluckte mich an
einem Hühnerbein.
Sie klopfte auf meinen
Rücken
und zu ihrem und meinem
Entzücken
rülpste ich ungeniert
und auch sie hat sich
nicht geziert:
Sie küsste mich auf den Mund –
jetzt sind wir ein Paar
seit dieser Stund`.

LaLürik Liebe 80

An der Stadtbus-Haltestelle
flirteten wir auf die Schnelle.
Gut, dass der Bus Verspätung hatte –
ich steh` schon wieder auf der Matte!

LaLürik Liebe 81

Für jeden Tag
seit ich dich kenne
wollte ich dir eine Rose
schenken.
Blutrot mit Dornen und Grün.
Wir kennen uns
fast ein Jahr.
Rosen für so viele Tage
kaufen
konnte ich nicht.
In meinem Portemonnaie
waren 23 Euro 50.
Ich ging
zum Gärtner und
kaufte für dich
Schneeglöckchen
für eins achtzig
den Bund.
Und im Duty Free Shop
eine Stange
Gauloises.
Weil du die so gerne
rauchst –
was ich nicht leiden mag.

LaLürik Liebe 82

Cinderella Baby,
sag` nicht immer maybe,
sag` einmal doch okay,
du tust mir sonst weh.

Mit allen deinen Vorbehalten
und all den seltsamen Gestalten
die dich überall umgeben –
was ist das für ein Leben?

Ohne dich, da geh` ich ein
und bleib` bis Ultimo allein.
Außer dich will ich sonst keine,
du bist und bleibst die meine!

Cinderella Baby,
sag` nicht immer maybe,
sag` doch einmal ja:
ich bin für dich da!

LaLürik Liebe 83

Gib mir einen Schmatz, mein Schatz,
gib mir einen Kuss
bevor ich gehen muss.
Du willst, dass ich bleibe?
Geht nicht – aber ich schreibe!

LaLürik Liebe 84

Am Strande der Engel
bei Juan an der Bar:
„Wo ist der Ara
vom vorigen Jahr?"
„Es morte".
Schweigen.
„Noch ein Bier!"
Da kommt sie entlang
und setzt sich zu mir:
„Ich bin aus Frankfurt,
woher kommst du?"

Mein Appartement
ist gleich um die Ecke.
„Erst `n Kaffee", sagt sie –
und dann:
„Jaah Junge, mach` so weiter! –
was für ein schönes Land ..."

LaLürik Liebe 85

Liebeskummer lohnt sich nicht
wenn man sich zu viel verspricht.
Darauf bin ich nicht erpicht,
lieber liebe ich dich nicht –
und kann dann im Morgengrauen
beruhigt nach anderen Frauen schauen!

Frei nach „West-östlicher Diwan":

Es ist möglich – aus der Ferne –
denn es gibt ein Wochenblatt!
Drei Euro fünfzig, wie ich lerne,
kostet eine Zeile, glatt!

Du bist sie wert, mein blonder Engel,
hab` dich gesehen im Supermarkt.
Du kauftest dort Rhabarberstängel,
und ich – ich hatte falsch geparkt.

Als das Knöllchen hing am Wischer,
dachte ich an dich zurück.
Wäre ich ein Caprifischer
weinte ich, bestimmt vor Glück!

Doch die Politesse sagte,
dreißig Stutz – Sie sind dabei!
Was es nützte, dass ich klagte?
Nichts – es war mir einerlei!

Weil ich mich nur eines fragte:
Wo warst du denn, du geblieben?
Sah ich dich zum letzten Mal
deinen Einkaufswagen schieben,
während ich die Seife stahl?

LaLürik Liebe 86

LaLürik Liebe 87

Ich liebte ...

Ich liebte eine Lehrerin,
die war so schön, so feminin.
Sie bracht` mir Englisch, Denglisch bei –
alles andere war ihr einerlei.

Ich liebte eine Kaltmamsell,
der ging alles viel zu schnell –
nomen est omen, doch ich weiß,
auf Dauer war sie mir zu heiß.

Ich liebte eine Büromaus,
die sagte immer zu mir „Klaus".
Ich heiß` ganz anders, war empört,
mich hat das wirklich sehr gestört.

Ich liebte eine Verkäuferin,
die sagte, dass ich ein Säufer bin.
Wir liebten uns in freier Natur –
und was tat sie? Trank Whisky pur!

Ich liebte eine Tänzerin,
die liebte mich auch – ja immerhin!
Noch heute denk` ich, lieber Vater –
ich hatte ständig Muskelkater!

Ich liebte eine Sennerin,
die meinte, dass ich ein Penner bin –
weil ich nur einmal mit ihr schlief –
auch das ging schief!

Jetzt bin ich in Nachbars Tochter verliebt,
die mir all meine kleinen Sünden vergibt.
Ich mag jetzt solide Hausmannskost
und darauf trinke ich mit Euch – Prost!

LaLürik Liebe 88

Ich lieb` dich nackt und angezogen;
niemals hab` ich dich betrogen,
doch es schlägt mir auf den Magen,
wie hast du dich denn betragen?

Musste das mit Alfred sein,
diesem Kameradenschwein?
Dem Kerl, dem dreh` den Hals ich um
und nimmst du mir dann das noch krumm –
schau` ich mich nach `ner andern um!

LaLürik Liebe 89

„Ober, Schampus!" rief die Dame –
„Gnäd`ge Frau, wie war ihr Name?"
„Ich bin die Baroness von Stetten!"
„Darauf will ich gar nicht wetten."

„Ist schon gut, die Frau hat Mut –
und ich weiß auch, was sie tut",
sagte ich zur Kellnerin –
„die Frau ist Heiratsschwindlerin –
angeblich hat sie mich geliebt!"

LaLürik Liebe 90

„Es ist schon hell,
steh` auf Isabel,
vorbei ist die Nacht
und die Sonne lacht ..."

„Bleib` liegen, mein Schatz,
hier ist dein Platz,
neben mir im Bett
machen wir`s uns jetzt nett!"

Was soll Mann da sagen?

LaLürik Liebe 91

Auf einer grünen Wiese
lag ich allein mit dir.
Die Grillen zirpten leise –
wie schön, du warst bei mir!

„Ein Kerl wie Samt und seide",
sangst du das alte Lied,
für mich auf jener Weide,
von der ich ungern schied.

So schön in deinen Armen,
war`s niemals wieder Carmen.
Und denk` ich heut` daran zurück,
verspür` ich einen Hauch von Glück!

Versprechen **LaLürik Liebe 92**

Du bist schlank wie eine Tanne –
und ich ein Elefant.
Nimmst du mich zum Manne,
nehm` ich ab – konstant!

LaLürik Liebe 93

Runter mit den Winterhosen,
schließ` den dicken Pulli ein –
alle andern sind Mimosen,
mach` dich für den Frühling fein!

Freu` dich auf Mini und Bikini,
mit mir auch auf den Sonnenschein.
Lass` uns machen jetzt Bambini
und wir bleiben nicht allein!

Komm` zu mir meine Frühlingsliebe,
alles blüht jetzt und gedeiht,
auch erwachen jetzt die Triebe,
komm` jetzt, das ist unsere Zeit!

LaLürik Liebe 94

Ich liebe die Liebe, ich liebe den Wein.
Doch beim Wein da bin ich meistens allein.
Willst du beim Wein mich lieben,
bist du beim Wein auch nicht so gern- allein?
Dann ruf` doch an… heut` – oder wann?

LaLürik Liebe 95

Du bist so schön, du bist so klug,
doch nicht genug,
du bist auch weise
und deshalb wage ich, ganz leise
dich zu fragen, dir zu sagen:
Liebst du mich? Ich liebe dich!

LaLürik Liebe 96

Ich flieg` mit dir nach Singapur
und auf die Malediven
und frage mich was hast du nur,
seit wir zusammen schliefen?
Bin ich dir nicht gut genug –
wie damals auf Hawaii?
Dann nehme ich den nächsten Zug,
fahr` ohne dich nach Istanbul –
ist deine Liebe Lug und Trug?
Weshalb bist du so cool?
Ich ginge für dich in den Knast
an jeden andern Ort,
kauft` Blumen dir und Hansaplast –
doch bitte, geh` nicht fort!
Es ist so schön in Gütersloh,
mit dir hier, wie anderswo!

LaLürik Liebe 97

Vis-á-vis beim Après-Ski
da stand Sie an der Bar!
Mir war klar, jetzt oder nie!
Mann o Mann, ich lach` sie an,
doch all mein Charme, Gott erbarm`
wie ich höre und ich schwöre,
dass ich nicht der Einz`ge bin
und ich kratze mich am Kinn,
den die Frau ins Rennen schickt,
mit ihrer Schönheit – wie sie blickt.
Dennoch bin ich selbstbewusst,
werf` mich stolz in meine Brust,
bin ja nicht ganz unerfahren
im Flirten schon seit vielen Jahren!
Das sieht der Barmann ganz genau –
ich werd` aus diesem Mann nicht schlau:
Grinst mich an und lächelt dumm,
ist der etwa anders rum?
Nichts dagegen, denk` ich mir,
doch ich steh` auf Mädels hier
und die Frau in meinem Fokus
geht erst einmal auf den Lokus!
Da zwinkert mir der Barmann zu:
Mein Lieber, keine Chance hast du,
natürlich bist du ein Verehrer –
doch sie, sie liebt nur den Ski-Lehrer!

LaLürik Liebe 98

Marlies, damit das klar is`:
Ich bin nicht dein Hund
und hab` keinen Grund
auf Pfiffe zu hören
wie deine Gören.
Soll ich dein Mann sein,
vielleicht ja, das kann sein.
Doch wer mich will,
der bestimmt nicht
sondern nimmt mich
so, wie ich bin.
Marlies, damit das klar is`!

LaLürik Liebe 99

Meine liebe Clementine,
was stört mich die Orangenhaut –
du bist meine Superbiene
und du bleibst auch meine Braut!

Du sagst, dein Busen sei zu klein
und die Hüften seien zu dick –
Ich finde alles beides fein,
du bist schön und du bist chic!

Und dein kleines Muttermal
oberhalb vom Bauch
finde ich ganz genial
und ich lieb` es auch!

LaLürik Liebe 100

Zwei Jugendgedichte

L I E B E

Goldenes Sternengefunkel.	*(Bodensee*
Glühendes Abendrot.	*(Ibiza*
Undurchdringliches Dunkel.	*(Rougemont*
Händeringen und Atemnot.	*(Stuttgart*
Unendlich freies Empfinden.	*(Algarve*
Träume von Goldstaub	*(Florida*
auf Linden.	*(Wyoming*
Weinen und Lachen.	*(München*
Dumm-dämliche Sachen.	*(Gran Canaria*
Himmelhoch jauchzend.	*(Sie gehört mir!*
Zu Tode betrübt.	*(Sie ist weg.*

Wer das nicht versteht –
hat niemals geliiiieeebt ...

LaLürik Liebe 101

Maigedanken

Wo ich vor einigen Jahren
noch die höchsten Bäume bestieg,
Tarzan liebte und die Gefahren
und träumte vom großen Sieg.

Wo ich die Hosen nicht schonte
und die Hemden zerriss,
wo ich in Laubhütten wohnte
und in gestohlene Äpfel biss,

Dort hin geh` ich heut` mit Liese,
zeig` ihr mein Paradies,
wo ich die Lausbubenjahre
an mir vorüber ziehen ließ.

Und schnitz` mit meinem Messer
ein Herz in einen Baum.
Die Welt weiß alles besser –
uns beide juckt das kaum!

(erschienen in der Leonberger Kreiszeitung)

LaLürik Liebe 102

Dem möcht` ich nicht im Mondschein
begegnen, sagt ein geflügeltes Wort.
Doch genau da sind wir uns begegnet.
Ich setzte mich wortlos neben dich
auf die Bank.
Es war Vollmond und wir schauten
uns schweigend an. Minutenlang.
Minuten der Stille, die ich durchbrach:
„Siehst du den Mann im Mond dort droben?"
Sie lachte: „Nein, aber dich!"
Danach sind wir uns noch oft
im Mondschein begegnet.
Aber den Mann im Mond suchten wir
dabei nicht mehr!

LaLürik Liebe 103

Kuscheln, wuscheln
und die Leute tuscheln:
der hat was mit der,
die hat was mit dem!
Und wenn`s so ist,
wen geht`s was an
wenn wir es dann und wann
zusammen tun?
Da gibt es viele Neider
mit einem großen Maul,
uns bringt das höchstens weiter –
und wir sind gar nicht faul!

LaLürik Liebe 104

Früher warst du hager –
und ich dir zu fett.
Jetzt bist du nur mager,
fast wie ein Skelett.

So mag ich dich nimmer,
leg` doch etwas zu,
dann lieb` ich dich noch immer,
meine Mary Lou.

Doch in früheren Zeiten
mocht` ich dich noch mehr,
will mit dir nicht streiten
über dies Malheur.

Ein paar Pfunde zugenommen
siehst du aus wie einst.
Ein paar Kilo abgenommen
bin ich so, wie du meinst.

Zugenommen, abgenommen,
jedem die Idealfigur.
Pfunde gehen, Pfunde kommen,
immer noch die selbe Tour.

Du nimmst zu und ich nehm` ab,
wo bleibt dabei die Liebe?
Das Auf und Ab das macht uns schlapp –
vertrauen wir auf die Triebe!

LaLürik Liebe 105

Molto bene, molto tollo,
deinetwegen bin ich vollo.
Ich wollte nur `ne Liebesnummer,
stattdessen hab` ich Liebeskummer!

Wie ätzend hast du dich benommen,
wie bist du zu dem Kerl gekommen,
der mir kein Wasser reichen kann –
und irgendwann verhau` ich ihn
so wahr ich dein Geliebter bin!

Und willst du`s nicht begreifen,
lass` ich mich weiter schleifen
mit noch `nem Schnaps,
mit noch `nem Bier
und irgendwann, so scheint es mir,
träum` nur besoffen ich von dir!

Reiß` dich zusammen, sagst du dann,
ich bring` dich schon auf Vordermann!
Doch was noch viel schöner wär`
lass` ihn sausen und komm` her.
Dann vergess` ich Malz und Hopfen
und trink` nie mehr einen Tropfen!

LaLürik Liebe 106

Du hast mich ausgelacht,
mir hat`s nichts ausgemacht,
denn in der Nacht –
hab` ich gelacht!

Du hast mich nicht gewollt,
erst hab` ich dir gegrollt –
jetzt lieb´ ich deine Freundin,
das hast du nun davon!

LaLürik Liebe 107

Helau, schöne Frau, ich glaub` ich spinn`
weil ich mich trau`
dich zu fragen, dir zu sagen,
dass du mich durcheinander bringst,
wenn du singst, wenn du schweigst.
Und warum, bin ich dumm
weil ich so schüchtern bin, schöne Mainzerin?
Doch es ist Karneval und von Fall zu Fall
auch Fasnacht, Fasching, Fassenacht.
Du hast mich ausgelacht,
doch als die Sitzung war vorbei,
da war`n wir plötzlich zwei – ganz allein zu
zwei`n und bald vielleicht zu drei`n!

LaLürik Liebe 108

Kannst du mir was borgen,
heute oder morgen?
Ich zahl` es dir bestimmt zurück
in vielen Stunden voller Glück.

Am Dienstag mach` ich einen Deal,
der bringt mir Kohle, bringt mir viel.
Ich lad` dich ein zum Schnellimbiss,
du meine kleine, liebe Miss!

Schenk` mir auch einen Kuss,
das ist für mich ein Hochgenuss.
Was schert mich schnöder Mammon dann,
wenn ich dich bankrott lieben kann!

LaLürik Liebe 109

Chantal,
du bist ein Skandal –
die Leute entrüsten sich
und brüsten sich,
sich hätten dich im Negligé geseh`n –
ich fänd` das wunderschön
und wär` so gerne dein Galan.
Wie fang ich`s an?
Ja, wenn wir beide dieses wüßten,
könnten all die Spanner
sich wieder mal entrüsten!

LaLürik Liebe 110

„Mann, hast du `ne Aura", sagte meine Laura.
„Was ist schon `ne Aura,
wenn du nichts draus machst, Laura?"
„Du bist eine schöne Frau, ja –
also, was ist mit uns`rer Aura?"

LaLürik Liebe 111

Du und die enormen
stets barocken Formen
haben es mir angetan –
sag` mir quando, sag` mir wann
wir uns sehen – und dann:
Rock me baby, rock me too,
wer bin ich und wer bist du?
Auch ich bin gut in Form,
ist das nicht enorm?

LaLürik Liebe 112

Ich bin in Paris gewesen,
du hast mich dort aufgelesen.
Ich saß am Montmartre still – ganz in Zivil,
als ein Maler mich dort malte,
den ich fürstlich auch bezahlte.
Mein Bild, das hat dich fasziniert;
du fragtest mich ganz ungeniert
„Voulez vous couché avec moi" –
natürlich war ich für dich da!

LaLürik Liebe 113

Meine kleine Croupiére
Im Casino hatte ich kein Glück,
denn selten kommt das Glück zurück.
Ich setzte alles auf Noir,
was mein größter Fehler war.
Alles hatte ich verloren
und ich hatte mir geschworen
an diesem Abend vehement,
ich opfere nie mehr einen Cent,
lass` mir mein Leben nicht vermiesen
an einem Ort wie diesem.
Dann sah ich dich!
Und kam jede Nacht,
hab` alles durchgebracht
nur um dich zu sehen!
Komm` jetzt – lass` uns gehen!
Ich habe keinen Euro mehr,
doch ich liebe dich so sehr!

LaLürik Liebe 114

Dein und mein Konterfei
sind natürlich zweierlei.
Du siehst gut aus, meine Maus.
Sei gerecht – ich auch nicht schlecht!
Und doch schielst du nach andern Männern
und meine Freunde – unter Kennern –
sagen, das sei ganz okay,
mir jedoch – tut`s schrecklich weh!

LaLürik Liebe 115

Ich war in Amerika und ich war in Afrika.
Ich war auf den Kanaren und den Balearen,
natürlich auch im Türkenland,
in Ungarn und am Nordseestrand.
An vielen Orten dieser Welt
hab` ich mich rumgetrieben
mit diesen und mit jenen Lieben.
Doch die Frau fürs Leben,
fand ich in dir soeben
in uns`rer kleinen Stadt – am Kattegat!

LaLürik Liebe 116

In Füssen wollt` ich dich küssen.
Du hast mich versetzt und ich bin verletzt.
Ich lieb` dich zum Fressen,
hast du`s vergessen?
Meine SMS nicht gelesen,
wo bist du gewesen?
Ich schreibe dich ab – und nicht zu knapp.
Doch meine Gedanken
bringen mich ins Wanken.
Ist dir was passiert, bist du anderswo liiert?
Ich hoffe, du meldest dich
und denkst noch an mich.
Dann könnte ein neuer Plan sein –
wir küssen uns in Neuschwanstein!

LaLürik Liebe 117

Meine Muse, die Frau Kruse
liebte ich so sehr.
Meine Muse, die Frau Kruse
machte es mir schwer.

Wie oft hat sie mit mir gestritten,
meine Muse, die Frau Kruse.
Und wie habe ich gelitten
mit meiner Muse, der Frau Kruse –
und ich liebte sie noch mehr!

LaLürik Liebe 118

Wenn ich dir schriebe
dass ich dich liebe –
würdest du es mir glauben?
Ich werde mir erlauben
dass ich als Single
einfach bei dir klingel`,
um dich ins Café einzuladen
unter den Kolonnaden.
Dort könnten wir zu zwei`n,
sag` bitte jetzt nicht nein –
ganz einfach beschließen
mit Milchkaffee und Bienenstich
uns das Leben zu versüßen!

LaLürik Liebe 119

Du musst groß sein und infam sein,
du musst klein sein und gemein sein,
dann mögen dich die Frauen
und werden nach dir schauen.

Bist du jedoch ein braver Mann,
machen sie die andern an!
Ausnahmen sind die Regel,
sagten Schiller schon und Hegel.

LaLürik Liebe 120

Ich schreibe dir voll Poesie
eine eigene Melodie.
Sie ist nur für dich gemacht
und ganz alleine ausgedacht.
Ja, so komponier` ich
und das ist äußerst schwierig
für einen Mann
der sonst nichts kann –
außer leben, lieben, lachen
und vielleicht auch andere
Sachen?
Nur mit dir – ich und du –
stimme mir doch endlich zu!

LaLürik Liebe 121

Mir fehlen die Worte
für all das, was ich dir so gerne sagen will.
Ach nimm mich doch einfach in die Arme –
und schau mir in die Augen, Kleines ...

LaLürik Liebe 122

Ich kenne keine Kompromisse
seit ich dich vermisse.
Seh` ich eine schöne Frau
überleg` ich mir genau,
kann sie dir das Wasser reichen,
denn du bist so ohnegleichen.
Ja, ich werde dich besuchen –
um deine Liebe neu ersuchen.
Was mir dann passieren kann,
ist ein Korb – was mach` ich dann?

Aufzugeben – nicht mein Leben,
dir allein gilt all mein Streben.
Bitte – du – erhöre mich
oder ich zerstöre mich,
kann es nicht verknusen
dich zu seh`n mit anderen schmusen!
Ich dulde keinerlei Rivalen,
wer das meint, der muss bezahlen!
Und eines Tages schlag` ich mich –
ja, du weißt – allein für dich!

LaLürik Liebe 123

Nicole – ich finde dich so toll.
Doch du bist ein Rabenaas
und das macht mir keinen Spaß.
Gern würd` ich mit dir tanzen
und mit anderen Emanzen
wenn du mir entgegen kämst
und dich meiner nicht mehr schämst –
einem Haderlump wie mir,
der dich liebt – und auch das Bier!

Bauernregel ## LaLürik Liebe 124

Am 27.6. ist Siebenschläfer,
dann bleibt das Wetter sieben Wochen so.
Ich bin so gerne dein Siebenschläfer,
öffentlich oder inkognito.

Sieben Wochen liebe ich dich,
sieben Wochen hast du mich.
Ich halte nichts davon –
Ich liebe dich viele Wochen schon!

Und werden es zehn Jahre
oder mehr,
ich geb` dir die Gewähr:
Von Jahr zu Jahr da bin ich dein –
will all die langen Jahre
dein „Siebenschläfer" sein!

LaLürik Liebe 125

Liebe ist kein Sport,
Sport sagt man, ist Mord.
Bewegen wir die Glieder
deshalb auf und nieder
denn da bleibt man fit dabei –
und so ein „Sport" ist gut für Zwei!

LaLürik Liebe 126

Ich wollt` dich treffen auf der Brücken
zu beiderseitigem Entzücken.
Doch du ließest dich nicht blicken.
Bist du wie die anderen Zicken
die dir schnell ein Date versprechen
und dies Versprechen einfach brechen?
Ja, dann sticht mich schon der Hafer –
und das ist keinesfalls Metapher!

LaLürik Liebe 127

Du hast ein hübsches Hängerchen
mein Engelchen.
Es steht dir gut.
Bei mir wär` das ein Mängelchen,
wenn meines ruht!

LaLürik Liebe 128

Lebten wir im Mittelalter
und mein Name wäre Walther –
vielleicht der von der Vogelweide,
empfingst du mich im samt`nen Kleide!
Ist auf Kreuzfahrt dann dein Ritter
empfände ich das gar nicht bitter.
Lass` ihn ziehen ins Heil`ge Land –
ich bin auf dich schon sehr gespannt!
Und öffnest du für mich dein Mieder
sing` ich dir die schönsten Lieder.
Komm` zu dir in die Kemenate,
was wir dann tun – ihm nie verrate!

LaLürik Liebe 129

„Hey Alter –
was willst du denn von mir?
Du bist doch ein Kalter –
verschwinde jetzt von hier“.

„Ich gehe gern,
ich will ja nichts von dir.
Es liegt mir fern,
was willst du denn von mir?

Ich stehe nicht auf Gören,
du bist nicht mein Plaisir.
Doch ich kann dir sagen,
einmal wird man dich fragen:
Wo willst du `Alte` hin?“

LaLürik Liebe 130

War ich einst ein Herzensbrecher,
bin ich heut` ein müder Zecher,
denn du hast schmählich mich verlassen
mangels voller Haushaltskassen!

Weg ist die Villa im Tessin
und der Jaguar dahin.
Ich bin ein geknickter Mann
der dennoch vieles aber kann!

Du schläfst jetzt mit dem Kammerjäger
und ich trinke Schinkenhäger,
warte jetzt auf bessere Zeiten,
muss mit dir mich nie mehr streiten!

LaLürik Liebe 131

Die Ampel war rot und vor mir
hielt ein frecher, giftgrüner VW.
Die Tür ging auf und ein Mädchen
stieg aus und kam auf mich zu.
Ich drehte die Scheibe herunter.
Sie biss in ihr Frühstücksbrot und lachte
und küsste mich mit vollem Mund
auf die Stirn.
Der Tag war gerettet –
es war Madddddellleine!

LaLürik Liebe 132

Komm` doch näher, schönes Kind
und wir lieben uns geschwind,
denn die Zeit, sie eilt dahin
seit ich dein Geliebter bin.

Wenn wir dann in vielen Jahren
leidvoll müssen dies erfahren:
Dass nicht alles mehr so geht –
lieber Schatz, dann ist`s zu spät!

LaLürik Liebe 133

Du hast ein Super-Fotohandy,
ja, das ist natürlich trendy.
X-mal hast du mich aufgenommen,
doch hab` ich je ein Bild bekommen –
von Dir?

Ein Foto für mein Portmonee
wär` doch sicherlich okay!
Dann könnte ich dich bei mir tragen
an schlechten wie an guten Tagen
und alle Leute könnten seh`n –
meine Frau ist wunderschön!

Drum bitt` ich dich
knips nicht nur mich –
jedoch auch keinen andern
sonst wand`re ich aus nach Flandern!

LaLürik Liebe 134

Ich sei ein Don Juan, sagt Man(n).
Doch Frau sagt schlau:
Komm` heran, zeig` mir was so ein
Don Juan – wirklich kann!

LaLürik Liebe 135

Inmitten deiner Mitten
fühl` ich mich so wohl.
Das ist unbestritten
mein Monopol.

Willst du es mir gewähren
hast auch du etwas davon.
Ich schweb` in anderen Sphären,
nichts ist mehr monoton.

Lass` uns zusammen fallen
in eine andere Welt.
Ein Feuerwerk lass` knallen,
es ist für uns bestellt!

Lieb` mich alle Tage,
lieb` mich – ich liebe dich.
Stell` unsere Liebe nie infrage,
es gibt nur dich und mich!

LaLürik Liebe 136

Es liegt was in der Luft –
das ist ein ganz besond`rer Duft.
Ich will ihn riechen, schmecken, spüren –
komm` wir schließen schnell die Türen
damit uns niemand stören kann –
nicht einmal dein Ehemann!

Was – du hast ihn nie betrogen?
Ich weiß genau, das ist gelogen!
Einmal kam er angezischt,
doch ich bin ihm schnell entwischt.
Er hat nichts anderes verdient,
weil auch er sich anderswo bedient!

Ich wollte sehr, das wäre so,
doch leider ist das Pipapo –
ich bin viel zu feige
weil ich zur Treue neige.

So kann ich nur träumen,
doch will ich nicht versäumen
dir zu sagen, du sollst wissen –
ich würde dich so gerne küssen.
Vielleicht liegt das ja in der Luft
bei deinem ganz besond`ren Duft!

LaLürik Liebe 137

Ich malte dich als Akt, ganz nackt.
Doch eventuell
ging mir das zu schnell
dass du mich ganz individuell
nicht nur als Künstler sahst
und dabei nicht vergaßt,
dass ich auch ein Mann bin!

Dich zu malen – unter Qualen,
ich gebe zu –
nicht nur Modell warst du.
Denn du hast genau gewusst,
was du sonst noch tu-en musst!

LaLürik Liebe 138

Mit den Jahren wirst du erfahren
und du bist dir dann im Klaren –
das Teenie-Glück kommt nie zurück!

Vorbei ist dann das Schwärmen
und du kannst dich nur erwärmen –
für einen Mann wie mich!

LaLürik Liebe 139

Ich bringe dir ein Ständchen
auf deine schönen Lendchen –
die du für mich gekocht,
ich hab` sie so gemocht!

Ich mag auch Hühnerbrüste,
sie wecken die Gelüste –
und hast du sie für mich gemacht
träum` ich davon die ganze Nacht!

Jägerschnitzel mag ich auch
um zu füllen meinen Bauch.
Hab` ich auf anderes Appetit,
sagst du, das macht dich garnicht fit.

„Mein Essen kannst du wohl genießen
und ich will dir`s nicht verdrießen,
doch meistens schläfst du danach ein
und was ist dann mit uns Z`wein?"

Die Moral von der Geschicht:
Zu viel Essen bringt es nicht.
Doch soll ich mich kasteien,
nur, um dich zu freien?

So geht die Liebe durch den Magen
an vielen und an manchen Tagen.
Doch meistens ist`s auch nachher nett –
wenn du kochst, doch nicht zu fett!

LaLürik Liebe 140

Es hat gefunkt, gefunkt hat es!
Ich habe dich gesehen
und ließ das Essen stehen.
Der Mensafrass war unaussprechlich,
doch du warst da und ganz tatsächlich:
Die Frau! – Mein Typ bist du genau!

So hab` ich dich mir vorgestellt
und habe mich zu dir gesellt –
an deinen Tisch – ein Platz war frei,
die anderen waren mir einerlei!

Ich habe dich betrachtet von Kopf bis Fuß.
Du hast mich nicht beachtet,
nicht einmal meinen Gruß.
Dann bist du aufgestanden
als wär` ich nicht vorhanden.

Du brachtest dein Tablett zurück
und schenktest mir nicht einen Blick.
Am nächsten Tag jedoch
beschimpftest du den Koch –
und ich gab dir Recht,
der Mensa-Fraß war wirklich schlecht.

Ich habe abends dann für dich gekocht –
und plötzlich hast du mich gemocht!

LaLürik Liebe 141

Hör` auf mit Kalorien zählen
allerliebste „Joulia" –
du bist nicht dick, du bist nicht fett!
Es ist auch keine andere da –
wollen wir uns vermählen?
Sag` ja, das wäre nett!

LaLürik Liebe 142

Frühstück

Meine Hella mag Nutella.
Ich mag lieber Leberwurst
und viel Kaffee für den Durst.
Manchmal auch ein Ei, zwei, drei…

Mag meine Hella kein Nutella,
hat sie etwas anderes vor –
was ich nicht gleich
begreif` – ich armer Tor!

Sie öffnet ihren Unterrock
und zeigt sich mir so ganz barock.
Was soll ich denn da machen?
Ihr wisst es – lachen, lachen –
und das Frühstück bleibt zurück
für ein halbes Stündchen Glück!

LaLürik Liebe 143

Du könntest mich nicht lieben,
ich sei zu arrogant
und auch nicht zu beneiden,
weil völlig abgebrannt.

Du hattest Recht in einem,
ich bin völlig blank,
im Großen wie im Kleinen –
und oft ich mich betrank.

Schuld sind nicht nur Finanzen,
mein Kummer kommt woanders her –
mich mögen die Emanzen
so ohne Geld nicht mehr.

Doch wär` ich eines Tages
ein Lottomillionär,
gib zu, dann wär` die Liebe
für dich zu mir nicht schwer!

So kann ich heut` nur hoffen –
auch du bist mal bankrott
und so wie ich betroffen,
dann wirst du mich versteh`n!

Dann tun wir uns zusammen
weil uns die Liebe bleibt,
vergessen all die Schrammen,
wie sie das Leben schreibt.

Bin ich für dich auch arrogant –
doch immer noch ein Mann,
ohne Geld, jedoch charmant –
zusammen seh`n wir neues Land!

LaLürik Liebe 144

Die Vergangenheit
holt uns ein.
Lass` es sein.
Denk` an ein Morgen
mit neuen Sorgen.
Vergiss was gestern war!

Am Samowar trink Tee mit mir
und bleibe hier.
Wir haben noch viel Zeit,
bist du bereit?

Ein neues Leben
kann viel uns geben.
Sag` dazu „Ja" –
und ich bin für dich da!

LaLürik Liebe 145

Am Truppenübungsplatz
liebten wir uns, Schatz!
Der Truppenkommandeur
fand das nicht gut – ich schwör`:
Beim Dienste für das Vaterland
ist die Liebe unbekannt.
Ich wurde sofort degradiert –
so schnell die Orden man verliert.

Und auch die Schützenschnur
verlor ich nur.
Das alles war mir völlig schnuppe,
der Hauptmann ist für mich `ne Puppe,
die mir nichts zu sagen hat.
Diesen Typ, den ignorier` ich glatt.
Wenn es um die Liebe geht,
glaub` ich nicht, dass der`s versteht.
Lass` ihn doch im Schützengraben
ohne Liebe weiter traben!

LaLürik Liebe 146

Ich gebe dir jetzt einen Kuss
weil ich dich einfach küssen muss.
Küssen ist ein Segen,
doch du sagst „von wegen –
Junge, komm` doch her,
ich will noch viel mehr!"

LaLürik Liebe 147

Wenn ich so als Single
durch die Straßen tingel
betrachte ich den Himmel
in der Stadt Getümmel.
Schau nicht nach rechts,
schau nicht nach links –
in den Seitengassen stinkt`s
nach Pommes und nach Curry-Wurst,
da bekomm` ich großen Durst!

Lass` mich in einer Kneipe nieder,
trink` ein Bierchen immer wieder.
Lacht mich die Bedienung an –
schenk` ich ihr einen Heiamann.
Bin ich eine trübe Tasse,
weil ich alle Frauen hasse
seit meine Emma mich verließ
und ganz grausam mich verstieß?

Auf einmal steht ein Mädchen da:
„Hallo" sagt es – und „Hallo na,
willst du hier versauern?
Du bist zu bedauern…
Komm` von deinem Hocker runter,
komm` ich mache dich gleich munter,
Geh`n wir zu dir, geh`n wir zu mir?"
Oh Mädchen du bist meine Stütze –
jedoch nicht ohne Zipfelmütze!

LaLürik Liebe 148

Du liegst wie die Maja da –
ganz so, wie die Nackte.
Schön, wie ich noch keine sah –
und ich bin der Beknackte!

Bin der, der dich nur malen darf –
ja, ich liebe Akte.
Und als ich mich dir unterwarf,
da war ich der Gelackte!

LaLürik Liebe 149

Du bist die Beste aller Besten
und tummelst dich auf allen Festen –
und du stehst im Mittelpunkt,
nicht nur bei mir hat es gefunkt!

Ich versuch` auf allen Feten
mich niemals zu verspäten.
Dann bin ich vielleicht der Erste
und vor lauter Stolz ich berste
wenn du mir ein Lächeln schenkst
und auch einmal an mich denkst.

Ich wage dann, dich anzusprechen,
werd` immer deine Zeche blechen
wenn du mit mir Essen gehst –
und auch deine Liebe mir gestehst!

LaLürik Liebe 150

Ich war mit dir in Patagonien,
im Süden Südamerikas
und auch in Argentinien –
dort verlorst du deinen Pass.

Mein Rucksack wurde uns gestohlen,
die Fahrradreifen platt –
das war im Hinterland von Polen,
auch sonst lief gar nichts glatt.

Denkst du noch an Italien,
an Neapel, den Vesuv?
Man nahm uns die Zerealien
und ließ uns steh`n wie Gott uns schuf!

Wir reisten auch nach Portugal
zu Fuß – mit vielen Blasen
und kamen an von Fall zu Fall
mit Karawanen in Oasen.

Nun sind zu Haus` wir angelangt
nach langem Defilee –
oft habe ich um dich gebangt
fernab von Eis und Schnee.

Bist mir geblieben, Gottseidank
nach vielen Abenteuern –
denn ohne dich, da wär` ich krank –
zahl` lieber jetzt in Deutschland Steuern!

LaLürik Liebe 151

„Werbung ist ein hartes Brot –
Sie aber sind ein Schöngeist,
so etwas können wir hier nicht brauchen",
sagte der Boss der Werbeagentur.

Es machte mir nichts aus,
denn Mabel, die Dame vom Empfang
lächelte mich schöngeistig an –
und konnte mich schon bald darauf
sehr gut gebrauchen!

LaLürik Liebe 152

Glühend hab` ich dich verehrt,
doch du liebtest nur dein Pferd –
und schimpft` ich auf den `Ackergaul`,
sagtest du charmant „Halt`s Maul!"

Oft bist du mir davon geritten
und wir haben uns gestritten –
ganz allein – bei meiner Ehre,
nur wegen dieser ollen Mähre!

Am besten wär`, ich wär` ein Pferd,
dann würdest du mich striegeln,
dann wäre ich von dir begehrt –
und du kein Buch mit sieben Siegeln!

LaLürik Liebe 153

Du magst Robbie mehr als mich –
der hat viele Frauen.
Doch ich bin da, allein für dich,
mir kannst du vertrauen!

Schwärm` ich für Nena und Shakira
schaust du mich seltsam an,
als wäre ich ein Tier, ja –
und nicht ein lieber Mann!

Vergiss doch die Idole,
besinne dich auf mich –
die erogenen Pole
bewahr` ich auf für dich.

Robbie ist unerreichbar,
ich bin dir ganz nah,
wenn es auch nicht leicht war,
dich zu kriegen – sonnenklar!

Ja, es gibt so viele Götter,
Göttinnen natürlich auch –
und ich bin ein alter Spötter,
Stars sind für mich Schall und Rauch!

Denn für mich gibt es nur eine –
hör` gut zu, denn das bist du!
Ich will dein Star sein, ganz alleine –
denn ich lieb` dich – ohne Schmuh!

LaLürik Liebe 154

Köstlich dein Holundersaft,
den ich so gerne trinke.
Er gibt mir neue Lendenkraft
wenn ich in dir versinke.

Ich koch` davor ein Liebesmahl
mit Muscheln, mit Crevetten
und du hast nur die eine Wahl:
den Holundersaft zu retten!

LaLürik Liebe 155

Du meine Zwiebel,
wir sind so kompatibel,
wir passen zueinander,
nichts bringt uns auseinander.
Ganz passabel ist dein Nabel –
und meine Nase, du mein Hase
schnuppert so gerne an dir.
Bist du traurig, bin ich`s auch
und du streichelst meinen Bauch.
Doch, meine Zwiebel,
nimm mir`s nicht übel:
du riechst aus dem Mund,
das ist nicht gesund.
Wär`s wenigstens Knoblauch –
denn den mag ich auch!

LaLürik Liebe 156

Blühe, meine Blume,
öffne deinen Kelch,
schürze deine Lippen,
bewege deine Lenden,
hebe deine Brüste,
rühre deine Beine,
nimm mich in die Arme,
lass` uns glühen in der Liebe,
nimm mich, gib dich hin.
Sing mit mir das Hohelied
der Liebe
mit allen Höhen, allen Tiefen –
du bist mein und ich bin dein!

LaLürik Liebe 157

Es ist schön, allein zu sein,
sagtest du – ich fand`s gemein!
Wo hast du diese Meinung her?
Mach` es uns doch nicht so schwer!
So was überzeugt mich nicht –
es ist einfach meine Pflicht,
das Gegenteil dir zu beweisen!
Ich würde um den Erdball reisen
um in die Arme dich zu schließen –
es ist wahr – ich muss drauf niesen!

LaLürik Liebe 158

Du bist meine Nymphe
mit und ohne Strümpfe.
Du bist meine Hexe
für all meine Reflexe,
du bist meine Märchenfee,
allerliebste Desiree!

LaLürik Liebe 159

Kommst du mir in den Sinn,
steigt mein Adrenalin.
Nicht nur in Intervallen
will ich dir gefallen.

Ich will dein Bester, Liebster sein
und fühle mich so winzig klein
weil du mich nicht beachtest
und nur nach andern trachtest.

Was soll ich tun?
Bist du immun gegen all` meine Avancen?
Sollen wir zusammen tanzen?
Ich kann Rumba, Samba und Foxtrott –
in allen Tänzen polyglott.

Vielleicht bringt es die Tango-Wiege
dass ich endlich bei dir liege:
erheb` ich mich dann vom Parkett,
seh` ich die Welt ganz violett!

LaLürik Liebe 160

Liebe, Leben, Lebenslust –
komm` mit mir nach Hause.
Lass` uns vergessen allen Frust
unter meiner Brause.

Frisch geduscht – wir riechen gut
und das Bett ist schon gemacht –
wenn man dann nicht das Eine tut,
dann wär` das doch gelacht!

Schlaf` in meinen Armen ein,
wach` in ihnen auf –
und ich schwöre Stein und Bein,
es nimmt alles seinen Lauf!

Liebe, Leben, Lebenslust,
du weißt es doch genau
was du tun und machen musst,
du bist doch eine Frau!

LaLürik Liebe 161

Das war keine gute Nummer,
du mit deinem Liebeskummer.
Sag` wie kann ich dich erreichen,
bitte gib mir doch ein Zeichen.
Ruf mich an – und maile mir,
denn du weißt, ich steh` zu dir!

LaLürik Liebe 162

Ich liebe meine Fantasie
und mache mir Gedanken.
Dann seh` ich dich, so wie noch nie –
und fahre lustvoll tanken!

LaLürik Liebe 163

Ich war klein, mein Herz war rein
bis ich dich gesehen –
dich mit deinem Heiligenschein,
es war um mich geschehen!

Ich konnte nicht mehr schlafen,
hab` nur an dich gedacht –
damals in Wilhelmshaven,
du hast mich ausgelacht!

Jetzt bügelst du in Emden
für einen andern Mann
die ungewasch`nen Hemden –
darüber lach` ich dann und wann!

Und wirst du einstens doch noch mein –
das brennt mir wie auf Kohlen –
werd` ich dich ohne Heiligenschein,
zuerst einmal – ganz liebevoll – versohlen!

LaLürik Liebe 164

All den schönen Damen, die mir
entgegen kamen,
all den lieben Frauen, die mir
schenkten ihr Vertrauen
sei dieses kleine Buch verehrt –
ich hab` euch alle sehr begehrt.

Ihr alle, meine Lieben,
ich habe das geschrieben
als ein einzig` Kompliment –
womit ich dieses Buch beend`.

Hast irgendwo dich selbst entdeckt,
dann ist das durchaus auch bezweckt!

Und wenn ich nochmal
so was schriebe,
dann tät` ich`s ganz gewiss
aus Liebe!